JN439307

기다림의 먼 눈빛

유임순 시집

계간문예

기다림의 먼 눈빛

시인의 말

오랫동안
품었던 시의 씨앗

언제쯤
세상 밖
눈 뜰 수 있을까

고대했던
봄 한 날

따뜻한 햇살에
눈부십니다.

2024년 3월
유임순

축하의 글

유임순 시인의 첫 시집 상재
참으로 긴 터널을 뚫고 나와 말의 꽃을 피웠다.
아직은 수줍은 언어들이 곳곳에 얼굴 붉히고 있지만
그의 언어엔 진실함이 담겨져 있다.
결코 장식으로 치장하지 않은 순수함
삭막한 현실에서도 시를 쓰고자 하는 그 열망
놓지 않고 드디어 시의 꽃을 피워냈던 것이다.
펄펄 끓는 젊음의 열정은 아닐지라도
가슴에 품어왔던 시에 대한 갈망으로
적지 않은 연륜을 지나오면서도 그 끈을 놓지 않았다.
그 끈기와 용기에 큰 박수를 보낸다
그리고 축하의 마음을 전한다.
앞으로 더 성숙된 시들의 탄생을 기다리면서.

2024. 4.

홍금자 ((사)한국시인협회 상임위원)

■ 차례

제2부 기다림의 먼 눈빛

제3부 오달통 분식집

제4부 재건축

제1부

웃음 한 입 베다

차를 끓이며

구름 한 점
바람 부는 반대쪽으로
흔적 없이 사라져가는
하늘의 명상

새들의 잔기침 소리
생을 저울질한다

무의식 속 잠자던
의식의 언어
세상을 기웃거린다

차를 끓이며
잃어버린 시간의
흔적을 지운다

하루의
잔상처럼 달려있는
무념과 무심
적요의 시간 갖는다

어머니의 봄나물

거처를 옮기며
묵은 기억의
모서리를 들추어낸다

오랜 시간이 켜켜이
내려앉은 거기
어린 시절 피붙이들
쌓아온 이야기

사진 속 젊은 어머니
애잔한 눈빛으로 바라보신다

유난히 당신을 닮은 둘째딸
지난 기억 속
불효가 짙은 회한으로 남는다

그래도 "잘 살았네" 하며
등을 어루만져 주셨던
어머니의 따뜻한 손길

잔설이 남은 천변
봄볕 함께 받으며
황새냉이 캐며 서로
주고받던 미소

첫 봄에 만났던
어머니의 그 봄나물
봄 햇살 위에 그리움으로 남아있다

유리창 너머 계절

백지 위에 쓰여진 말
영문도 모른 채 지워져 가네
저기 나뭇가지에 매달린 잎은
곱게 물들어 흩날리는데
생각의 지평은 점점 멀어져
떠나간 이별처럼 희미하네

쓸쓸한 바람에 마른 잎들은
햇살의 갈피마다 그리움을
새겨놓고 점점 잊혀져 가네
차가운 유리창 너머 비치는
계절은 어느새 붉게 물들어
가슴께로 오는 그리움이여

풀숲에서

설핏한 바람 따라
풀벌레들 모여들었다

낮은 자세로
귀를 열어 본다
울음인지
속삭임인지

세상 소용돌이 속
상처 깊은 자리

짙은 밤
풀숲에 숨결 뉘이며
그들의 작은 소리

가을은
그렇게 깊어 간다

붉은꽃

민둥산
바람이 운다

키 낮은 마을
굴뚝 연기
아궁이 앞에서
눈물 흘리며
생가지 때시던 어머니

집집마다 긴 겨울밤
군불 때던 그 시절
산, 산마다
나무들의 수난

가시에 찔려 상처 난
주름진 어머니의 고된 손
붉은 꽃 맺혔다

굴뚝엔
긴 한숨이 날마다

모락모락 피어올랐다

생나무 타는 밤
검푸른 하늘엔
유난히 별빛이 반짝였다

봄나물의 반란

돌나물 미나리
자박자박 낮은 물웅덩이
거머리까지 동행했다

봄나물 속에
우후죽순 돋아나는
생의 조각들

봄나물은
가난한 삶 속
소중한 양식이 되는 한 끈

곡식 몇 알을
품은 부엌의 분노

그러나 배고픈 식솔들의
양식이 되었던
파란 계절의 향기
밥상 위에 앉힌다

생각을 캐다

강 둔 턱
연녹색 풀섶 헤치며
보물을 찾듯
봄의 향기를 탐색한다

등 뒤에 얹힌 봄볕
일상의 상념
하나, 둘 일어선다

어린 날
푸성귀 뜯으며
꿈을 키웠던 일들
기억의 언저리에
남아있는
사색의 여백

퇴근길

그림자 긴 저녁
하루의 끝자락
노곤한 하루를 뉘인다

철옹성 같은 빌딩 숲
삶을 짓는 고단한 군상들
지친 발걸음 쏟아져 나온다

소유와 욕망
시간과 공간을 초월해
잠시 자유로운 세상을 만나는
퇴근길

계절이 지나는 골목마다
오월의 넝쿨 장미
하나 둘 꽃잎 지우며
길 위에
붉은 카펫을 깔아놓는다

웃음 한 입 베다

희뿌연 유리창
비라도 오면 좋을 텐데

설핏한 햇살
베란다 안을 기웃대며
화초들의 키만 재고 사라졌다

화분에 갇힌 꽃들은
생 몸살과 사투 중

산다는 것은
끝없는 견딤의 연속
잠들었던 꿈을 날마다 깨우는 일

창밖 아이들 웃음소리
삶의 활력소

웃음 한 입 베어
메마른 세상
문 앞에 뿌려주는
생의 발자국

늪에 빠진 꿈

어둠이
스멀스멀 드리우는
늦은 저녁녘

눈빛은 정지된 채
깊은 잠속으로 빠져든다

구원의 손길 외쳐보지만
무언의 세계
실타래에 엉켜 꼼짝도
할 수 없는 블랙홀

영혼의 잠결에도
탈출의 시간을 스케치한다

희미한 생의 조각들
깊은 밤의
적막이 부서진다

불면증

어둠에 잠식된

이불속

한 권

하루를 삼킨

수많은 언어들

수런댄다

놓쳐버린 시간

눈앞에서
기다리던 버스 놓쳐버렸다
가쁜 숨결 뉘이며
빈 의자에 주저앉았다

때 늦은 장미
살아가면서
놓친 것이 얼마나 많았을까
알고도 모르고
모르면서 눈감은 세월

오직 앞으로만 질주하는
차량 행렬처럼
결승점 없는 트랙을
쫓는 삶의 미로

저기 6637 버스가 오고 있다

전시회

시간 속 깊게
주름진 생의 길
그 속에 새겨진 소박한 꿈

언 땅 녹이듯
눈앞에
아지랑이 아물거린다

품고 싶은 마음보다
채워가는 행복

설익은 자아
따뜻한 시선으로
바라보는 긍정의 여유

마주 잡은 손이 따뜻하다

일상 속에서

시간에
젖어가는 가는 계절

물왕저수지는 윤슬로 빛나고
아직 이별 못한 나뭇잎
바람에 나부낀다

내 곁을 떠나간
철 지난 시간 저울질하며
찻잔을 마주한
창 밖 풍경을 마주한다

붉은 잎들의
바스락거리는 소리
세포가 살아 숨 쉬듯
꿈의 조각들 살아난다

저물어가는 일상 속에서

초승달

까만 밤 하늘에
노오란 초승달
초연히 떠 있다

어릴 적
먹어보지 못 했던 바나나
밤하늘에 둥둥 떠 있다

어머니의 바다

해질 무렵
텃밭 사이로 하얀 머릿수건 보인다
고랑 사이 푸성귀와 감자 가득한 소쿠리
피붙이들의 땟거리

감자 깎는 일은 늘상 내 몫

쉼 없이 팔소매 걷어붙인 어머니
땀방울인지 눈물인지
항상 젖어 있는 앞치마
고무신도 유난히 빨리 닳았다

끝도 시작도 보이지 않는
삶의 긴 여로
어머니의 마음 바다는
언제나 파랑으로 일렁였다

그때의 어머니 나이가 된 지금
어느덧 어머니 닮은 내가
또 다른 어머니의 어머니가 되었다

아득한 세월
강물이 바다에 이르듯
나 또한 어머니의 바다
가까이서 그
어머니를 생각한다

하루의 끝머리

고요 속에
밝아오는 낯선 오늘

빛과 어둠의 분량
세밀하게
저울질하는 하루

한날의
무거운 하중 이기지 못하고
주저앉고 싶은 야윈 눈빛

서툰 틈새 매달려
비상구 찾고 있는
생의 미로

하루의 끝머리
또 다른
내일을 잉태한다

제2부

기다림의 먼 눈빛

빈 울림

스쳐간 수많은
다짐과 약속
빈 울림 되어
무거운 빚으로 남았다

들풀처럼
무성했던 언어
가슴 한켠 웅크리고 있었다

천지간
각자의 색깔로
그 향기 뿜어내지만
단 한 번 바람에도 사라져간다

생이란
내가 나를 일으켜 세우는
하나의 존재 의식

뒤곁의 우물

뒤곁, 장독대 옆
정갈한 우물
가끔 한 번씩
낮달 쉬어 가는 곳
밭에 다녀오신 어머니
광주리 안에
참외 수박 그리고 오이
우물 속 몸을 식힌다

갈증으로 마른 영혼
우물 속 두레박
서늘한 삶을 건져 올린다
지금은 세월에 밀려나
낙엽만 가득 쌓여
흔적 없이 사라졌다

잊혀져 가는
유년의 목마른
그리움 하나 묻혀있다

기다림의 먼 눈빛

흐르는 시간 위에
맞춰진 주파수
이곳저곳
불편한 신호음 울린다

끼니때 마다
식솔들 먹성 챙기시느라
굽은 허리
부엌 문지방은 닳고 닳았다

홀로 계신 어머니
허기진 그리움 달래시며
설익은 밭고랑 헤매셨다

고향의 손맛과 향기
대문 활짝 열어젖힌
기다림의 먼 눈빛

뼛속까지 감도는 깊은 맛
그 어머니를 그린다

두레 밥상

가난의 식욕

가을걷이 끝내고
문풍지에 바늘구멍
황소바람 기웃될까
여름내 신문지에
눌린 꽃잎들
문풍지 위 박제가 된다

겨울 밥상
아랫목 살붙이들
밥숟가락 부딪히는 소리
허기진 빈곤 속에
둘러앉은 두레밥상

철없는 웃음 꽃
추억 속으로 멀어져 갔다

순번 대기표

대기 번호
보이지 않는 사슬에 묶여
시간의 흐름 속에
잡히지 않는
번뇌로 가득하다

은행 관공서 병원 등
늘 기다리기
기울어진 시선의 평행
순서를 기다린다

기다림
지루한 인내
소용돌이 바람이
온몸을 휘감아도
순번 대기표
만지작거리며
조용히 기다릴 수밖에

땅거미

아파트 담장 위
넝쿨 장미
한 잎 한 잎 떨어져 간다

오후의 햇살이
슬그머니 다가오다
바람 소리에 숨어 버렸다

바라다 보이는 시선 끝에 쯤
아파트단지 에워싼
덩치 큰 은행나무 단풍나무들
푸른 시절 서서히 저물어 가고 있다

한 계절 풍광을
아쉬움으로 담아내고
숨 고루기하는 생명들

늦바람 앞세운 땅거미
계절 따라
갈 길을 찾아 나선다

버즘나무

혜화동 로터리 대학로 길
버즘나무
계절의 끝자락에 서걱대는 소리
아직 생을 이별 못한 넋두리인 듯
나뭇잎 하나 둘
덜어내고 있다

푸르던 날
따가운 볕 아래 그늘이었던 나무들
분신처럼 매달린 열매조차
매몰차게 털어낸다
아무렇게나
뒹굴고 있는 아픈 상처들 위로
뚜벅뚜벅 눈발이 걸어온다
묵묵히 눈을 맞으며
내밀 속 발아되는
티눈 같은 초록 생명들 품은 채
또 다른 내일을 꿈꾼다
떠나는 계절의 뒤에서

폭염

폭염에 지친 계절

쉼 없이 쏟아내는 물의 저항
무성한 나뭇가지 위 참새들
어쩌지 못해
좁다란 유리창 밖
난간에 위태롭게 앉아 떨고 있다

강기슭 야생초들조차
더위에 지친
저 슬픈 비명소리

폭염에
묵언의 울부짖는 몸짓들

한여름 모든 옷을 벗긴 후
떠날 준비를 한다

저만큼 끌고 가는 열대야의 한 자락

터 잡지 못한 삶

연록색 계절 가로수 우듬지에
둥지 튼 까치집
예고 없이 철거당했다

가지 잘린 나무
수행자처럼 묵묵히
그 자리 지키고 있다

나무에 기대어
좌판을 펼쳐놓은 할머니
등에 얹힌 식솔들의 혀
가슴에 세찬 방망이질
자리를 옮기며 생의 끼니를 잰다

터 잡지 못해
한 곳에 머물지 못하는
삶의 진통
흔들리는 몸짓
그리고 생존

언니의 옥수수

매미 한창 울어 댈 때쯤
어김없이 옥수수 배달이 온다
덤으로 가지와 오이 몇 개

강원도 횡성
농사짓는 곳으로 시집보냈다며
늘 원망하던
어머니의 아픈 손가락이었던 언니

긴 세월
퇴색한 젊은 시절
지나간 자리
옥수수 노오란 알갱이 속
주름진 손

어릴 적
장독대 옆 봉숭화 물 곱게
물들였던 언니의 손톱
기억 속에만
충만한 그리움

여름의 끝자락
거기 새싹처럼 돋아나는
먼 어릴 적 기억

황토방

서서히 풍경을
지워가는 어슬녘
얕은 돌담 곁 황토방
벌건 속내 드러낸 아궁이
장작의 불꽃놀이

원시적 안식처
시간의 그물망
방바닥에 펼쳐진다

어눌한 육신의
속내를 들킨
변명의 꼬투리
흘러간 시간에
서성이지 말자는 다짐
몸을 뉘인다

메마른 가슴에
마른 장작의 불길이 타오른다

시간의 주름 속에서

— 어느 알츠하이머를 앓는 —

침묵에
갇힌 가시관

회색 벽에 기대어
수없이 몇 번이고
TV 채널을 불러
만나지 못한 세상을 본다

세월의 징검다리 건너
시공을 넘나들며 실어증 고요에 갇혔다

문지방도 못 넘은 탈출
시간의 주름 속에서
맥박만 하루를 건너고 있다

그때 그 소리

매주 수요일이면
뻥튀기 할아버지의 “뻥이요”

때맞추어 쌀 한 바가지
손때 묻은 기계는
지나온 세월을 품고 있었다
예전만 못하지만
소일 삼아 나오신다며
웃는 모습이 하회탈 닮았다

그 곁엔
시간을 잊고 사시는 할아버지들

어릴 적
마을에 뻥튀기 아저씨 오면
온 동네 아이들 들썩거리며
보리쌀 옥수수 양푼 가득
줄을 섰다

긴 호각 소리에 맞혀

멀찍이 귀 막고 기다리면
"뻥이요"
구수한 튀밥이 한 소쿠리
웃음살 활짝 피어내던
그 시절 뻥튀기

쪽파 김치

노상 좌판에
노파의 쪽파 시들어 간다

사위 좋아하는
쪽파김치 생각이 났다

지갑을 열었다

한 뿌리 두 뿌리
다듬다 보니
눈 매워 눈물범벅이 된다

옛 말씀에
사위사랑은 장모라더니

눈물 반 사랑 반
버무린 쪽파김치

뿌리를 찾아서

새날은
고이 접어둔 여백

빈 몸으로 오는 열두 달
사용계획서 가슴에 품고
뿌리 찾아 나선 길
고향이 지척이다

두레상 떡국 한 그릇에
실타래처럼 풀어내는 삶의 여정
긴 터널을 헤집고 나온다

남루한 지난 시간
헛디딘 발자국 지워내며
섧은 나이 한 살은
삶의 성숙이다

붉은 기운 솟는 날
새날의 눈맞춤

병원 가는 길

눈이 내린다
병원 가는 길

길가 웅크린 천막 속
연탄불 위 가래떡 뒹굴고
리어카 좌판엔
쓸쓸한 위로가 펼쳐있다

질척거리는
차가운 바닥에 엎드린
슬픈 삶의 눈빛
아무도 곁눈을 주지 않는
추운 겨울날 오후

수많은 길 위의 인생
가끔은 돌아온 길
흔적을 지우고 싶지만
되돌릴 수 없는 슬픔과 아픔
그 안에서 모두가 서성인다

흰 눈이 얼마나 내려야
덮을 수 있을런지

저 멀리 눈 덮인 창경궁
침묵 속에 잠겼다

카라꽃

잊고 있던 화분에서

목마름 견디며

꿈 피우고 있었다

천년의 사랑을 지닌 카라

노오란 꽃 한 송이

유리창 타고 온

햇살을 반긴다

제3부

오달통 분식집

시간의 예열

베란다로 들어온 녹실한 볕
몇 분의 화초가 받는다
긴 햇살을 이마에 대고
탈출구 찾는 고양이
한 켠엔 뒤엉킨 빨래들
바람과 햇볕을 기다리고 있다
잠시
뜨거운 찻잔에서 피어나는 열기
공간과 시간의 예열
내일을 꿈꾼다

거실 한 켠엔
아직 손질 못한
계절의 끝물
주인의 따뜻한 손길 기다린다

오달통 분식집

옛 정취
물신 풍기는 골목길
낮은 담벼락엔
무명의 그림과 서리 맞은
꽃들이 흩어져 있었다

문 앞 의자에 어르신들
오고 가는 사람구경
심심한 참견의 눈짓 보인다

골목 끝자락
30여 년의 전통 분식집
쫄면과 떡볶이
맛집으로 소문났다

부지런한
시장통로 분식집 아주머니
허기를 채워주던 맛이
이곳에 있었다

밤길 마중 나온
아버지와 따끈한
국수 한 그릇
막걸리 한 잔의 추억이
떠오르는 골목길
오달통 분식집

탈출구

살아있는 자들
탈출구를 노린다

창밖엔 매미울음과 뒤섞여
화요 장터의 외침이 크다

어수선한 집안
낡은 양말처럼
늘어진 생각들
일어설 기미가 없다

타협의 접점을 잃은 채
화음과 불협화음 속 일상

삶이란
관절염처럼 아픈 통증
살과 뼛속 알알이 채워 가는
간절한 눈빛
오늘도 내가 나갈
탈출구를 찾는다

풍경화 지다

베란다 화초들
간곡한 한 모금의 물
빈 눈맞춤이 서러웠나 보다

무슨 연유로
누구도 바라보지 않는 빈 공터에
카라 제라늄 산세베리아 등
푸른 채색을 풀어 놓았나

그 동안 외로웠던 상념
고독한 영혼 앉았던 자리

보이는 만큼의 풍경화
그리움의 분자들
꽃잎처럼 모여드는 오후
해 지고
어둠이 오면 풍경화 지다

콘서트

어둠 속
뮤지션 독백이 흐르면
다른 삶의 퍼즐이 맞춰진다

조명 세례 받는 노장
우레 같은 함성에
인생의 노랫말
가슴 깊이 우려내
분수처럼 뿜어낸다

세월 안
켜켜이 쌓인 나이테
마음속에 엉킨 뜨거운 숨결
색깔이 다른 인연들
컽 치레 벗어
뜨거운 도가니에
질펀하게 어울리며
삶을 녹여낸다

좌판 위에 얹힌 계절

지하철 계단 입구
두릅 몇 바구니 펼쳐져 있다

물결처럼 지나는 계절
좌판 위에 놓인 봄나물들

냉이, 쑥, 그리고 달래
봄 향기 가득 놓여 있다
오가는 사람들의 무심한 시선
봄은 서러웠다

호루라기 경고음
좌판은 이동을 한다

끊을 수 없는 삶
내일도
그곳 그 자리 머물 수밖에

정류장

쉴 새 없이 발걸음들
머물다간 버스 정류장

회색 의자 위
힘없이 걸터앉았다

길 건너
삼색 신호등 따라
지친 듯 달려오는 불빛들
종착역 찾아 나선다

낡은 시간 비틀대며
삶이 내려앉은
텅 빈 정류장
승객들이 흘리고 간
생의 한 자락

하루가 마감 된
까만 밤하늘 속
별빛 하나 비추고 있다

읍왕리 노을

읍왕리 앞 바다
얕게 깔린 운무 사이로
갈매기 춤사위
한 폭의 그림

저녁노을이
시처럼 물드는 찻집
하루를 끝내며
서서히 바닷속으로
몸을 감추는 저 햇덩이

수평선 밀고
돌아오는 늙은 어부
뱃고동 울린다
웃음이 울음이 되고
울음이 웃음이 되는
읍왕리 노을 앞에서

손톱에 물들이다

여름이 한창이다
장독대 옆 봉선화 활짝 피었다

달빛비친 툇마루
서로 이마 맞대며
무명실로 칭칭 감았던 열 손가락

한 밤이 지나서야
손톱 위 봉선화 물
빠알갛게 물든다
기다리는 마음까지
붉게 익는다

어린 시절
물들였던 분홍빛 마음
세월이 흘러도 지워지지 않는다

여름이면
생의 절정에서
터지는 꽃봉오리들

어머니의
펫물 같은 사랑이었다
아득한 그리움이다

삶의 중량

제 몸 불태우는
연탄 한 장

허름한 연탄가게
새벽하늘 날씨 읽는다

하루의 첫 시간
때 묻은 수첩엔
고된 하루
사용계획서 빼곡하다

언제나
아버지의 수레에
가난도 희망이라는 말
가득 실려있었다

검게 패인 골진 얼굴
사이 사이 지나
등 허리 타고 내리는 땀방울
삶의 중량 힘드셨나 보다

숨소리 거칠었던 아버지
밤사이 식솔들의 뜨거운 신열에
기침 소리 크게 내지 못했다
지나던 바람도 비켜 지나갔다

가장의 힘든 삶의 무게
밤새워 태우고 있었다

삶은 한 장의 사진

계절이
붉은 신호등 앞에서 주춤거린다

세차게 몰아치는 비 바람 속
매미의 때늦은
이별 노래 듣는다

길 건너
가을 언저리
귀뚜라미 기척을 하면
여름내 풀어 놓은 가슴
옷깃 여미어 진다

따가웠던 여름 햇살 잦아들고
밤 하늘 별이 어슴푸레 나올 때
내 안의 허기진 그리움
뒤뚱대며 다가온다

어느 시인이 말했다
'가을병은

도지는 것' 이라구

삶의 교차로에서
잠시 숨 고르기 한다

생의 설계는 한 장의 사진

달고나 한 입

초등학교 담벼락
가림막 우산 속 웅크린 삶

쓴맛과 단맛으로
시간을 찍어 내고 있었다

수북이 쌓인
기억 속 달고나

세포가 분열하듯
오징어 게임 속
달고나가 날개를 달았다

삶의 등허리 얹히는
분주한 햇살
짓눌린 어깨에 비춘다

무늬 진 추억 속
그리움으로 남은
그때 그 시절의 단맛

유월의 그 하늘

푸른 나뭇잎의 출렁임으로
아침을 연다

언 발로 걷던
이 땅
또렷이 남아있는
아픔의 흔적

아직도 조국 어딘가에
누워있을 슬픈 뼈마디
어느 소년병의 녹슨 철모
그리고 군번줄

유월의 들녘은 푸르기만 한데
못다 핀 붉은 꽃들
기억 속 그리움이다
그윽한 침묵

대왕 참나무길

유난히 목마른 계절

초봄에
심어 논 대왕 참나무들
허리에 물주머니 차고 있다

우듬지엔
면류관 닮은 까치집
빈 둥지만 이고
수행자처럼 앉아 있다

허무 속 번뇌
낮과 밤의 경계에서
꿈이 메말라가는 영혼
뼈마디만 남은
빈 가지의 춤사위

먼 생각
휘돌아 나가는 길목에 선
대왕 참나무길

재봉틀

손 때 묻은 재봉틀
마루 한켠에
세월을 안고 있다

어머니의 숨결과 정성으로
한 땀 한 땀 덧 댄 옷가지들

앞마당 빨랫줄에
알록달록 젖은 무늬
바람을 가르며
파란 하늘에 널을 뛰고 있다

손끝에서
빚어진 색감은
세월 속에 무늬 진
어머니의 사랑이었다

오늘따라
몸을 가다듬게 하는
짙은 그 사랑 그립다

봄볕을 잡다

소소리 바람에
언 땅 풀어지고
바람과 물이 섞여
삶의 물결 이룬다

수줍은 듯
내비치는 내 천
왜가리 물오리
자맥질 한창이다

먼 산에 먼저 찾아온
누런 검불 속에서도
푸른 생명의 기운 돋는다

물버들 아릿한 손
봄볕을 잡고
채 풀리지 않은 언어
새살거리며
가슴으로 안긴다

초복

초복 때면
오래전 어머니 음성이 들린다

작은딸 해산날
땀을 뻘뻘 흘리시며
오셔서 하신 말씀
"하필이면 복날이니"

어르신들 보양식 드시며
더위를 잊는 복날

가스불도 없던 시절
무더위에 잉어가 끓던
부엌 아궁이
바쁜 발걸음 애쓰신 어머니

초복이 오면
딸 생일보다
어머니가 땀 흘리시던
그 모습
더욱 그리워진다

배꼽 시계

연습도 없이
무대에 올려진 시간
무엇으로 채워질까

배려와 양보는커녕
침잠하는 세월만
바라보고 있다

소파에 돌부처처럼
자리 잡은
고장 난 배꼽시계
시도 때도 없이 울린다

혼돈의 시간
의미 없는 한숨
그 주위를 맴돈다

향기 잊고 지워져 가는 삶
언제까지
그 발걸음 멈출 수 있을 런지

제4부

재건축

징검다리

봄의 끝자락
물결치는 냇가
그 위 징검다리
수많은 삶
제 몸 바쳐 닳아도
아픈 기색 조금도 없다

돌 틈 사이
멀리서 떠밀려온 야생초
이끼를 움켜잡고
거친 물살에 기대어 출렁인다

고통의 무거운 생도
물소리에 묻혀
노래가 되는
내 어릴 적
고향의 징검다리

어머니의 품속 인양
그리워지는
해 지는 서녘 여울가

지혜의 등불

바람은
색도 냄새도 없이
울타리 사이사이를 헤집고 다닌다

삶의 언저리
고달픈 인생
자식들 품 안아
치마폭은 늘 물기 마를 날 없었다

어머니의 왜소한 체구
그러나 그 속엔
강인한 지혜의 등불

걸어온 길
서툰 걸음마로
힘겨운 날갯짓을 해본다

지나온 세월의 흔적 속
비추어진 길
당신은 큰 등불이었습니다

너는 늘 그 자리에

오월
고향을 추억한다

구름산 허리쯤
빈 의자에
햇볕이 와 앉아
바람과 햇살 어울린
나무들의 이야기 듣는다

그 언저리쯤에서
지워지지 않는 유년의 이야기
너와의 지울 수 없는
오랜 우정의 끈
실타래처럼 풀어낸다

주소도 알 수 없는
바람의 노래
가까운 듯 먼 그리움
너를 부른다

방앗간 텃새

텃새들
방앗간 앞마당에 모여 들었다
이른 아침 제일 먼저 불 밝히는 방앗간
사계절 어김없이 시간을 지키며
믹스커피 한 잔으로 하루가 시작된다

깨 볶아 기름 짜면
고소한 냄새에 사람들 모여들고
덩달아 텃새도 앞마당에 날아든다

인정 많은 부부
흘린 땀 씻어내는 주름진 손
마디마디 깊게 얼룩진 고단한 삶의 여정
깨 씻는 물에 눈물도 함께
흘려보냈다는 고된 삶

마당 한 켠엔
깻묵으로 길러 낸
토마토와 고추 빠알갛게 익어간다

목련

세상을 향해
밀어 올린 고독한 시간

잎도 없이
맨 몸으로 꽃망울 터트렸다

눈부신 등불로
뜨락을 밝혀준 목련

바람에 옷깃 스치듯
짧은 생
하얗게 흩어지는 숭고함

소리 없이 왔다 가는
서러운 이별
잔상만 남긴 채
우주도 눈을 감는다

당산동 연가

샛강에서 여의도와 마주한
뿌리 깊은 은행나무 한 그루
당산동을 지키고 있다

어느새
옛것은 사라지고
빌딩 숲 사이
젊은 핏줄의 열정
활기찬 거리

이방인
이곳저곳 기웃거리며
낯선 거리 익혀 간다

붉은 노을을 이고 선
당산철교 아래 한강 변
이름 모를 꽃들이 어울려져
이방인의 가슴 위에
얹히는 위로

강바람 부는 언저리
윤슬로 번지는 그리움
따듯한 햇살 한 잔으로
채워간다

한강을 어루만지는
저녁노을의
아름다운 당산동 연가

들깨국

번뇌처럼
백팔 번 돌린 마음
가끔은 헛손질
돌절구의 울음
손절구에 찧어야
제 맛을 낸다는
들깨의 고소함
절구공 쥔 손아귀에
하루의 아픔이 눕는다

작은 알갱이들의 반란
서로 부딪히며
고통을 견디고서야
노오란 속살을 내민다

깨알 같은 정성
뽀오얀 들깨죽
밥상위에 올려진
온 가족의 미소
그리고 평안

담쟁이

담벼락에 기대어 산다

양손 벌려
하늘을 품고 살아가는 담쟁이

호기심 많아
여기저기 기웃거리며
다섯 손가락으로
일어서는 거미손
3층 창가도 엿본다

벽에 새겨진
부질없는 인생의 낙서들
높은 곳만 바라보는 욕심
지울 수 없다는 걸 알기에
손길 뻗어 다 덮어 준다

올라가면
내려 올 수 없는
길이라는 걸 알면서도

고추장을 담그며

옛 솜씨 찾아
불 앞에서 뿜어내는
알싸한 마늘의 향

생전의
어머니 손맛 미로찾기

매운 삶에
붉은 심장으로
발효의 시간을 견디며
장독대에 빠알간 꽃을
피워낸 고된 생

철없이
받기만한 했던 빈 손
뼛속까지 스미는 깊은 맛
그 때는 몰랐다

어머니의
빨간 고추장 맛

남대문 시장

불빛과 사람의 아우성
비좁은 통로마다
밤을 지새운
저 마다의 빛깔
빼곡히 펼쳐 있다

아직 덜 깬 붉은 눈
손끝에서 묻어난 삶
치열한 바람
삶의 마디마디 차다

서로가 서로에게
떠밀려 부딪히며
생의 공간을
나르는
무지갯빛
삶을 새롭게 디자인한다

까치 둥지

지난겨울
은행나무 끝자락
까치 부부 둥지 틀어
이웃 되었다

삭풍에도 메마른
보금자리 견디고 있었다

바람에 덜커덩 덜커덩
굳게 닫힌 베란다
창틀엔
이웃 소식 궁금한지
아침마다 안부 묻는다

창밖의 까치집
새끼 품어
봄 햇살이
마른 삶 위
삶의 향기 덤으로
얹어 주었다

고구마

뙤약볕에
뒤엉킨 줄기들
이랑을 덮었다

흙 무덤속
탯줄을 움켜잡고
주렁주렁 매달린 덩이들
고향의 숨결
땅속깊이 묻었다

삶이란
고구마 줄기처럼
어둠에 묻혀 고뇌하며
세상에 몸 내어 주는 것

강화도 교동을 가다

섬 속의 섬
두 번의 검문 다리 건너
실향민들의 서러움이 고여 있는
한강하구의 대룡 시장
눈 거리 망향의 그리움
제비 마스코트 되어
세월을 붙들고 있다

지난 설음 속
해체된 추억의 그림자
이곳 아니면
설자리 없던 사람들
골목시장 곳곳에
고향을 심어 놓고
가슴에 안고 살아간다

희끗거리는 반백
시간의 주름 속에서
더 이상 기다릴 수 없는
맥박이 뛰고 있다

계약 만료

손때 묻은 물건들
몇 번이나 들었다 놓았다 한다
손길이 미처 닿지 않은
빛바랜 생명들
털어내지 못하고
무겁게 짊어진 짐
또 한 번의 거처를 옮긴다
허구의 생
칭칭 동여맨 인연의 끈들
각인된 허물을 벗겨낸다
인생의 계약 만료는
언제 쯤 일까
저무는 시간 위로
세상은 아름답게 물들어 가는데

재건축

하나 둘…
불빛이 꺼져간다
세월에 퇴색된 거주지
낡은 신발들

삶을 버무렸던 보금자리
구석구석 빛바랜 흔적들
시간이 지나간 자리

슬픔이 담긴 웃음속
작별 인사도 없이
빈 둥지만 덩그러니 남았다

저만치 일어오는
소멸의 바람

허리 굵은 마당가 나무들
먼지 낀 유리창
누군가 따뜻했던
텅 빈 거실

제 몸 훤히 보이며
탈진한 기색이 역력하다

머지않아 추억조차
사라지는
한 시절의 허무

개나리 꽃

머뭇거리는 햇살
계절을 망각한 듯
구둣방 옆 개나리
덜 자란 꿈 피어
늦추위에 파르르
떨고 있다

아직
겨울 그림자 짙게
깔렸는데

바깥세상
늪에 빠져 아우성치는 소리
철없는 호기심
머리 내밀었나 보다

간밤에 내린 고운 백설
봄꿈을 깨우고 있다

하얀 언덕길

눈 내릴 때
어머니와 걸었던 하얀 언덕길

다리 부상으로
입원한 병상에서
다 큰 아들 끼니걱정
떠나지 않는다

눈처럼 쌓인 모성애
밤길 나선다

발걸음 눈 속에 푹푹 빠져
거친 숨 토해낸다
머리만 내민 초가집
멀기만 하다

자신의 고통보다
자식 걱정이 앞섰던
어머니
당신은
사랑의 덩이였습니다

가장의 무게

굽은 허리에
삶의 무게 털어내지 못했다

평생을 가장이란 고독한 길

희미한 안개 속을 드나들다
알츠하이머 강에 영혼을
푸른 기억과 함께 흘려보냈다

어둠과 빛을 안고
허리춤에
분신처럼 매달린 열쇠
오늘도
만지작거리며 운무 속 길을 헤맨다

생의 풀지 못한 언어
세월의 언덕을 몇 고비 넘었을까
노을 끝에 매달린 쉷은 모습

시간의 착시만 더욱 가혹하다

해설

| 해설 |

사실을 제외한 불확정적인 언어에 새로운 의미 부여하기

ㅡ 유임순 시집 《기다림의 먼 눈빛》

이 오 장

((전) 한국문인협회 시분과 회장)

시는 일상에서 통용되는 이야기 속에 쓰이는 길을 따라 의미가 드러난다. 하지만 그 쓰임이 엄격한 규범에 따른 것이라면 시의 현상은 기계적으로 관찰되고 분석될 수 있다. 그러나 시는 일정한 규범을 따르지 않는다. 상황에 따라 동원되었다가 의미를 전달한 후에는 사라지기도 하며 늘 상황에 따라 변하고 넓혀지기도 한다. 그러므로 언어예술인 시의 세계는 불확정성을 가진 언어를 일상 언어 체계의 개방성에 근거하여 쓰게 된다. 그렇지만 개념의 부정확성을 그대로 따른다면 이미지의 형성이 되지 않는다. 시인이 정의할 수 있는 개념의 영역 속에서 언어는 움직여야 하는 것이 필연적이다. 언어의 의미를 고정화해서는 안 된다. 반면 기계적으로 확정하려는 시도를 무리하게 한다면 본질적인 기능을 파괴하는 원인이 된다. 시는 수동적인 묘사의 기능뿐이 아니라 적극적인 창조의 기능이 있다. 인간의 사유를 형성시킬 뿐만 아니라 이해의 세계를 구성하고 특수한 방법으로 해석하게 된다. 의미의 불확정성은 이러한 창조적인 기능을 가능하게 한다. 그래도 언어의 불확정성은 언어의 흠이 아니고 창조적인 기능을 뒷받침하는 것으로 복잡한 상황의 삶 관련 아래 일정한 이야기 속에서 창조적인 기능을 발휘하는 것이 중요하다. 다시 말하여 시는 언어의 불확정성 때문에 복잡한 삶의 관계 아래서 분명한 개념을 정확하게 다듬어낼 수 있다. 이것이 언어의 창조적인 기능이며 시의 신비스러운 요점이다.

유임순 시인의 작품은 객관적인 사실 자체를 직접 표현하는 것은 아니다. 사람이 흔하게 쓰는 언어의 의미가 불확정적이고 다의적이므로 여기에 따라서 애매하지만 창의적인 언어를 동원하여 시를 쓴다. 언어의 의미를 객관적인 사실 자체를 뜻하기보다는 그 사실이 말하는 사람의 마음속에 비친 표상을 밝힌다. 그런데 이 표상이 언어라고 하는 초개인적인 틀에 담겨서 초주관적인 형태를 이룩하는데 이것이 객관적인 사실도 아니고 주관적인 표상도 아닌 중간 형태의 세계를 형성하고 있다. 여기에서 시의 묘미가 살아나 시인이 뜻하는 이미지가 독자와 만나게 된다. 따라서 유임순의 시는 사실 자체를 그대로 표현 하는 게 아니고 흔하게 말하는 의미가 불확정적이고 애매한 기능의 언어를 찾아 새로운 의미를 부여하고 있다.

1. 자신을 이해하고 단편적인 지성적 능력의 언어 발성

삶의 의문은 자신을 이해하고 규정하는 본질적인 현상이다. 자신을 이해하고 규정하려는 본성을 철학에서는 존재론적 정체성의 문제라고 한다. 그렇게 생겨난 것이 철학이고 오랫동안 축적된 결과물은 많이 쌓였지만 아직도 그 정답은 없다. 삶은 어떤 길을 가도 정답이 될 수 없기 때문이다. 유임순 시인은 그 해답을 시에서 찾는다. '나는 누구인가' '인간은 본래 어떤 존재인가' '내가 왜 이랬지'하는 의문을 비껴나 태어나 현재까지 살면서 겪어온 일상을 통해 자신을 찾아간다. 생물학적 존재로서 인간에게 주어진 기본적 욕구와 공통적인 행동 양식을 떠나 자유로운 영혼의 본성을 그리는데 치중한다. 인간의 본성을 인식하고 지식을 얻는 과정이 아니라 자신을 이해하고 단편적인 지성적 능력을 발휘하는 언어의 발성을 택하고 있다.

희뿌연 유리창
비라도 오면 좋을 텐데

설핏한 햇살
베란다 안을 기웃대며
화초들의 키만 재고 사라졌다

화분에 갇힌 꽃들은
생 몸살과 사투 중

산다는 것은
끝없는 견딤의 연속
잠들었던 꿈을 날마다 깨우는 일

창밖 아이들 웃음소리
삶의 활력소

웃음 한 입 베어
메마른 세상
문 앞에 뿌려주는
생의 발자국

—〈웃음 한 입 베다〉 전문

웃음은 사람에게 가장 치명적인 약점이다. 자신의 의도를 감추지 못하기 때문이다. 기쁘거나 우스울 때 나타내는 표정은 상

대방에게 비웃음으로 오해받을 소지가 크고 슬플 때 짓는 헛웃음도 마찬가지다. 그러나 웃음을 감추는 것도 이상한 행동으로 보여 오해를 받는다. 기쁨의 표시지만 때와 장소에 따라서 감춰야 하는 게 웃음이다. 그래도 아이들의 천진난만한 웃음은 활력소가 되어 함께 웃게 된다. 삶은 참으로 까다롭고 힘들다. 성공했다고 해도 그 과정은 말할 수 없을 만큼의 고난을 겪게 되고 성공의 확률은 0,5%도 안 되는 게 삶이다. 많은 사람 틈에 끼어서 자신의 위치를 확고하게 잡기는 불가능에 가깝고 몇 안 되는 가족들 부양도 힘들어 잠을 줄이고 쉴 시간 없이 일을 한다. 그래도 항상 부족하여 무엇인가를 찾아 헤맨다. 그게 삶이다. 유임순 시인의 삶도 일반인과 다르지 않다. 창문은 언제나 희뿌연하고 키우는 화초들도 우울한 것을 보여준다. 산다는 건 끝없는 인내를 하는 것 새로운 꿈을 날마다 꾸지만 하나도 이루지 못했다. 대부분의 삶이 같지만 오직 자신이 더 힘들다는 생각에 갇힌다. 무엇으로 활력을 찾을지 고민하지만 도와주는 사람도 없다는 절망에 헛된 망상에 빠진다. 그때 창밖에서 들려오는 아이들의 웃음소리에 화들짝 깨어나 눈앞이 보인다. 그것을 한입에 물어 삶의 길로 뿜어낸 시인은 지혜롭다. 만약 그것을 놓쳤다면 웃음의 의미를 잃었을 것이다. 이것은 자신을 이해하고 단편적인 지성을 갖췄기에 가능한 일이다. 날마다 들리는 사소한 소음으로 생각했다면 더 깊은 무지의 함정에 빠질 수도 있었을 것이다.

어둠이
스멀스멀 드리우는
늦은 저녁녘

눈빛은 정지된 채
깊은 잠속으로 빠져든다

구원의 손길 외쳐보지만
무언의 세계
실타래에 엉겨 꼼짝도
할 수 없는 블랙홀

영혼의 잠결에도
탈출의 시간을 스케치한다

희미한 생의 조각들
깊은 밤의
적막이 부서진다

— 〈늪에 빠진 꿈〉 전문

꿈이 없다면 삶도 없다. 오늘은 항상 불안하고 과거는 되돌아보기 싫은 고난이었는데 미래까지 불안하다면 누가 내일을

살 수 있을까. 미래는 그래서 충만을 기대하는 꿈으로 시작한다. 꿈은 현재의 잔상이 남아 이어지든가 아니면 바람으로 생겨난 환상으로 잠자는 동안에 일어나는 심리적 현상이다. 누구나 꿈을 꾸게 되며 꿈의 환상으로 삶이 이뤄지기를 바란다. 하지만 꿈일 뿐이다. 그래서 더 큰 꿈을 꾼다. 무너지면 다시 꾸고 이루지 못할 줄 알면서도 무의식중에 꿈을 꾼다. 꿈은 잠을 자면서 꾸는 것만은 아니다. 잠들지 않은 상태에서 몽상에 들고 그 몽상은 꿈처럼 환한 영상을 남겨 은근한 바람으로 이어진다. 그러나 꿈대로 이뤄진다면 삶이 아니다. 삶은 고달프고 힘들어 그것을 타파하기 위하여 꿈을 꾸는데 이뤄지는 꿈이라면 꿈이 아니다. 유임순 시인은 그 꿈마저 늪에 빠졌다고 한다. 현실에서 이뤄지지 않는 것을 바랬어나 꿈속에서도 이루지 못한 아쉬움에 실망한다. 잠든 것도 아닌 저녁에 눈을 지그시 감고 꿈길을 갔는데 실타래처럼 얽힌 삶의 실마리를 찾지 못하고 방황한다. 무엇이 구원의 손길을 내줄까 기다려 보지만 아무도 없다. 현실의 탈출도 못 하는데 육체를 떠난 영혼마저 떠다닐 공간을 찾지 못하는 현실이 너무 안타깝다. 꿈속에서의 희망이 부서지고 현실에서 맞이한 생의 조각들도 깊은 밤에 잠겨 부서진 절망을 무엇이 구원할 수 있을지 막막하다. 그러나 탈출의 문은 반드시 있다. 마음속의 길을 정리하는 일이다. 현실에서 끊지 못한 건 꿈에서 끊으면 된다. 늪에 빠졌지만 그것은 스스로가 만든 늪이므로 얼마든지 헤어 나올 수가 있다. 시인의 언어는 그것을 넘보는 경계선에서 망설일 뿐이다.

해질 무렵
텃밭 사이로 하얀 머릿수건 보인다
고랑 사이 푸성귀와 감자 가득한 소쿠리
피붙이들의 땟거리

감자 깎는 일은 늘 상 내 몫

쉼 없이 팔소매 걷어붙인 어머니
땀방울인지 눈물인지
항상 젖어 있는 앞치마
고무신도 유난히 빨리 닳았다

끝도 시작도 보이지 않는
삶의 긴 여로
어머니의 마음 바다는
언제나 파랑으로 일렁였다

그때의 어머니 나이가 된 지금
어느덧 어머니 닮은 내가

또 다른 어머니의 어머니가 되었다.

아득한 세월
강물이 바다에 이르듯
나 또한 어머니의 바다
가까이서 그
어머니를 생각한다

— 〈어머니의 바다〉 전문

지구는 어머니의 희생으로 유지된다. 그것은 역사가 증명하는 게 아니라 현실이 증명한다. 탄생의 울림은 어머니의 자궁에서 시작되고 성장의 기틀도 어머니 몫이다. 커다란 지구촌을 지탱하는 힘을 어머니가 가졌고 그것은 희생으로 이어져 우리의 삶을 이어간다. 어머니는 대를 이어 삶의 기둥을 만들고 그 밑에 지혜를 심어 자식들이 배워가기를 바라며 자신을 거기에 묻는 것이다. 과연 지구 위에 무엇이 어머니보다 크고 귀한 것이 있는지를 생각해 보면 아무것도 대응할 것이 없다. 시인은 어머니가 되어 어머니의 크기를 그린 게 아니라 위대함을 넘는 광대한 은혜와 삶의 척도를 그렸다. 텃밭에서 일하는 일상의 모습은 뛰어 넘을 수 없는 산의 모습이다. 논밭에 나가 농사를 지으면서 식구들의 밥상을 위해 새벽이나 저녁녘 텃밭에 앉아 무엇인가를 가꾸고 취하는 어머니, 약간의 도움이라도 주려고 감자를 깎는 작은 손, 땀방울인지 눈물인지를 항상 흘리는 모습은 어린 딸의 가슴에 무엇을 심었을까. 그때는 그것이 무엇인지를 몰랐지만 어머니가 되어 딸을 키워보니 그 마음을 알게 되어 더욱 큰 울림이 된다. 어머니의 여로는 끝이 없고 시작도 없다. 역사적으로 유명한 이름을 남긴 어머니나 아무런 이름을 남기지 않은 어머니나 모두 같다. 자식의 이름으로 어머니를 측정할 수가 없기 때문이다. 그런 어머니의 은혜를 과연 갚을 수가 있을까. 그게 시인의 마음이다. 무엇으로도 갚을 수 없고 그 어떤 크기로도 대응할 수 없는 어머니, 아득한 세월 속 강물이 바다에 이르듯 어머니의 바다를 헤엄칠 뿐이다. 시인은 세상의 모든 자식에게 고한다. 어머니를 잊지 말라고…

2. 자신의 문제를 시의 말로 드러내는 과정

자신에 대한 이해와 해석은 시를 통해 나타난다. 시는 이해의 거울이고 자신의 문제를 말로 드러내는 과정이다, 시를 쓰면서 자신에게 숨어 있던 소리를 드러내며 미처 알아채지 못한 말들도 정리를 한다. 유임순 시인의 시는 시키는 자신의 것이되 숨어 있던 자신을 보게 만들고 보지 못했던 문제와 해답을 찾게 한다. 그 답은 정답이나 모범적인 답이 아니지만 자신에게 향한 해답이며 독자들에게 전하는 삶의 답이다. 시인은 시를 통해서

내면에 주제화되지 않은 실존성을 주제화하고 숨어 있던 문제와 답을 명시적으로 드러낸다. 시는 자신의 삶을 드러내는 행위이며 삶을 결집하는 행위다. 대부분 사람은 결핍을 가지고 있으나 그것을 인지하고 풀어내지 못한다. 오직 시인만이 시를 쓰면서 자신의 결핍을 보게 되고 거기에 대한 해답을 찾는 것이다.

대기 번호
보이지 않는 사슬에 묶여
시간의 흐름 속에
잡히지 않는
번뇌로 가득하다

은행 관공서 병원 등
늘 기다리기
기울어진 시선의 평행
순서를 기다린다

기다림
지루한 인내
소용돌이 바람이
온몸을 휘감아도
순번 대기표

만지작거리며

조용히 기다릴 수밖에

— 〈순번 대기표〉 전문

질서는 사회의 최우선 약속이다. 질서가 없다면 자신부터 무너지고 혼란이 가중되어 국가를 위태롭게 하는 원인이 된다. 가족관계에서도 질서가 없다면 차례가 무너져 위아래의 구분이 사라지고 흩어지는 원인을 만든다. 질서는 차례를 지키는 것으로 시작하여 내면에 웅크린 욕망까지 다스리게 되는데 사람의 도리를 벗어나지 않는 범위에서 만들어진다.

언어는 약속이다. 사물의 이름이나 개인의 호칭을 어떻게 할 것인지를 서로의 약속으로 정하여 호칭이 붙어 언어는 발전을 거듭하며 현재에 이르렀다. 그 약속을 어기게 되면 소통의 혼란으로 인하여 오해를 불러오고 다툼이 일어난다. 유임순 시인은 그것을 방지하려는 목적으로 시를 쓴 것은 아니지만 우리가 삶을 유지하는 것은 질서가 최고의 덕목이며 그것은 차례를 지키는 데서부터 온다는 신념으로 작품을 썼다. 질서는 개인의 안정을 위해서도 필요하다. 그러나 쉽지 않은 일이다. 삶은 조급함을 만드는데 빨리 처리하지 못한다면 기다리지 못해 호통을 치고 서로의 믿음이 지워져 혼란을 키운다. 시인은 그것을 보이지 않는 사슬로 표현하며 시선의 평행선을 긋는다. 그렇지만 대부분은 기다림에 익숙하지 않은 것이 문제다. 조급함을 버리지 못하고 앞서려고만 한다. 소용돌이 바람이 온몸을 휘감아도 순번 대기표를 기다려야 하고 조급함을 지워야 편안하다는 것을 강조하는 시인은 지금 수행 중이다.

새날은
고이 접어둔 여백

빈 몸으로 오는 열두 달
사용계획서 가슴에 품고
뿌리 찾아 나선 길
고향이 지척이다

두레상 떡국 한 그릇에
실타래처럼 풀어내는 삶의 여정
긴 터널을 헤집고 나온다

남루한 지난 시간
헛디딘 발자국 지워내며
쉷은 나이 한 살은
삶의 성숙이다

붉은 기운 솟는 날

새날의 눈맞춤

— 〈뿌리를 찾아서〉 전문

사람이 가장 편한 곳은 어딜까. 두 말이 필요 없이 고향이다. 어디를 떠돌다 힘이 다하여 마지막으로 고향을 찾아도 다시 활력을 얻게 되고 삶의 길을 편하게 돌아본다. 사람은 원래부터 방랑의 동물이다. 그런 방랑벽이 없었다면 인류의 발전은 없었을 것이다. 처음 발생한 터전에서 대륙을 횡단하고 바다를 건너 미지의 세계에 발을 딛고 산다는 건 어렵지만 삶을 개척하려는 욕망은 전 인류를 행복의 길로 인도하는 결과를 만들어 내었다. 개인도 마찬가지다. 고향에 머물지 않고 떠나는 것은 미지의 세계를 동경해서가 아니라 살기 위한 수단으로 넓은 곳으로 나갈 포부를 가졌기 때문이다. 그렇지만 다 이뤄지는 건 아니다. 실패의 확률이 높아 고난의 길을 간다. 그러나 떠나온 고향을 금방 찾지 않는다. 크기를 바랐는데 이루지 못했으니, 면목이 없어서다. 그래도 찾는 고향은 전부를 받아준다.

수구초심은 짐승도 죽을 때면 고향으로 머리를 돌리고 죽는다는 말인데 이성을 가진 사람은 수구초심을 넘어 삶의 전부를 맡기고 산다. 시인은 고향을 떠나와 객지의 바람으로 삶을 이뤘으나 어머니를 그리워하는 만큼 고향이 그립다. 가고 싶지만 쉽게 찾지 못하는 고향, 더구나 어머니도 계시지 않아 잠시 잊은 고향, 빈 몸으로 보내지 않았으나 삶의 설계에 들어있지 않은 그곳에 찾아간다. 남루의 시간을 타향에서 보내고 헛디딘 발자국을 지웠지만 더 선명한 삶의 길, 나이를 더 먹어 성숙한 줄 알았는데 더 어려져 버린 마음에 찾은 고향은 새날의 눈 맞춤으로 기운을 돋궈준다. 뿌리를 떠나 맹목의 줄기만 가지고 살아왔던 지난날이 선명히 떠오르고 어머니의 품 안에 안긴 듯 따듯한 고향을 그린 시인은 고향의 뿌리에 발맞춰보고 삶을 돌아본다.

베란다로 들어온 녹실한 볕
몇 분의 화초가 받는다
긴 햇살을 이마에 대고
탈출구 찾는 고양이
한켠엔 뒤엉킨 빨래들
바람과 햇볕을 기다리고 있다
잠시
뜨거운 찻잔에서 피어나는 열기
공간과 시간의 예열
내일을 꿈꾼다

거실 한켠엔
아직 손질 못한
계절의 끝물

주인의 따뜻한 손길 기다린다

— 〈시간의 예열〉 전문

시간은 오면서 간다. 가는 것도 아니고 오는 것도 아닌 중간에 머물 수만 있다면 영생을 꿈꿀 수도 있다. 만약 그런 경지에 들 수 있다면 신선이나 가능하겠지만 신선은 이상향 속의 가상 인물일 뿐 사람이 아니다. 또한 속도에 속도를 더하는 곳은 그만큼의 속도가 가중되어 압력을 견딜 수 없다. 사람은 현실에 만족하면 된다. 하지만 누구나 시간을 늦추고 싶고 좋은 시절을 되돌리고 싶다. 그게 본능이다. 시간을 알아버린 원죄는 영원히 갚을 수가 없으므로 사람은 힘들게 살 수밖에 없는 존재다. 그래도 시간이 멈추기를 바라는데 나이가 들수록 심해진다. 나이를 먹는 것은 늙는다는 것, 늙음은 죽음으로 가는 길목에 들었다는 것 그런 의식을 잊지 않는 한 사람은 행복할 수 없다.

아침에 일어나 태양을 맞이하고 하루가 시작되는구나 하며 일상을 보낸다. 만약 태양을 멈추게 하여 잠시라도 시간을 늦춘다면 삶을 바꿀 수 있을까. 지구는 태양이 멈추는 순간 폭발하여 모든 생물은 없어진다. 삶은 오늘만 있는 게 아니다. 내일이 있고 그 후가 있다. 그러나 오늘을 벗어나 내일을 꿈꾸며 삶의 탈출구를 찾는다. 시인은 지금 창밖에서 비춰주는 햇빛이 화초를 키우는 장면에 서서 자신을 돌아본다. '공간과 시간'을 예열하여 내일의 행복을 그린다. 그렇지만 언제나 미뤄진 일상도 다하지 못하는데 행복할 수 있을까 하는 의문이 들어 '계절의 끝물'에 손을 얻는다. 그리고 길지 않은 삶의 주인, 즉 태양의 손길을 기다린다.

3. 사물의 원인과 형상에서 삶의 진리 찾기

이 세상에 존재하는 모든 사물과 사건은 천상 세계에 존재하는 본래의 모습인 이데아를 반영한 모습이라 할 수 있다. 사람은 그림자를 벗어난 참된 세계를 이루는 이데아를 찾아가야 하며 자신의 무지를 벗어나 영원불변하는 원형의 세계를 찾아야 한다. 그러나 가능하지 않은 이상향 속의 세계다. 시인은 이 원형적 세계의 기억을 찾아가는 작업을 이어가는 정신적 존재다. 일반인은 육체와 감각의 사슬에 묶여 그것을 잊고 있지만 시인은 다르다. 지상의 그림자를 벗어나 참된 세계와 진리를 찾아야 할 의무가 있다. 시인이라면 누구나 이런 의무와 열정을 가지고 있으며 근본적으로 그것을 어느 정도 찾아내는 능력의 소유자다. 유임순 시인은 구체적인 사물의 원인과 형상의 진로에서 삶의 진리를 찾아간다. 삶의 무게를 저울질하며 자연과 사물의 원인을 추구하는 길을 간다.

살아있는 자들
탈출구를 노린다

창밖엔 매미울음과 뒤섞여
화요 장터의 외침이 크다

어수선한 집안
낡은 양말처럼
늘어진 생각들
일어설 기미가 없다

타협의 접점을 잃은 채
화음과 불협화음 속 일상

삶이란
관절염처럼
아픈 통증
살과 뼛속 알알이 뼛속
채워 가는
간절한 눈빛
오늘도 내가 나갈
탈출구를 찾는다

들풀처럼
무성했던 언어

가슴 한켠 웅크리고 있었다

천지간
각자의 색깔로
그 향기 뿜어내지만
단 한 번 바람에도 사라져간다

생이란
내가 나를 일으켜 세우는
하나의 존재 의식

— 〈탈출구〉 전문

삶은 스스로가 이뤄낸다. 누구도 간섭하지 못하며 누가 주지도 않는다. 부모에게 받았다고 하지만 그것은 자연의 뜻이다. 그것을 외면할 수가 없으며 받아들이지 않는다면 파멸이다. 하지만 스스로 일어서야 가능하다. 왕성하다는 것은 무엇이나 이룬다는 것인데 완성을 이룬 사람은 없다. 주어진 만큼의 역량만 이루면 그게 성공인데 욕망은 그것을 넘어서서 만족을 모르므로 사람은 언제나 도전하며 만족할 때까지 시도한다. 그걸 이루는 사람이 없으므로 삶은 그래서 힘들다. 시인은 여기에 탈출구를 만들었다. 삶이 힘들어도 도전을 멈출 수가 없으므로 도전하되 실패를 대비하여 탈출구를 만든 것이다. 이게 삶의 지혜다.

자연의 섭리는 냉혹하여 자비가 없다. 매미울음과 장터의 소음에도 선뜻 나서지 못하다가도 타협하지 않은 일상의 간섭이 싫어 능글맞게 여유를 맞지만 살과 뼛속에 박힌 세월의 고통은 비껴낼 수가 없다. 마음이 따라주지 않는 몸을 무엇으로 조종할까. 생이란 내가 나를 일으켜 세우는 존재 의식인데 첫 구간은 각자 색깔로 그 향기를 뿜어내어도 단 한번 부는 바람에 사그라진다. 어느 곳에 탈출구를 만들 틈이 없다. 그러나 시인은 그것을 찾아냈다. 나이 들어 찾아온 병마에 맞서지 않고 그대로 따르되 일상을 찾아가는 길을 택한 것이다. 내가 나를 의식하지 않아야 남도 나를 의식하지 않고 내가 남을 의식하지 않아야 남도 나를 의식하지 않는다. 그게 바르게 섰다면 아주 편안한 삶이 될 것이다. 시인이 찾은 탈출구는 바로 그런 것이다.

제 몸 불태우는
연탄 한 장

허름한 연탄가게
새벽하늘 날씨 읽는다

하루의 첫 시간
때 묻은 수첩엔
고된 하루

사용 계획서 빼곡하다

언제나
아버지의 수레에
가난도 희망이라는 말
가득 실려있었다

검게 패인 골진 얼굴
사이 사이 지나
등 허리 타고 내리는 땀방울
삶의 중량 힘드셨나보다

숨소리 거칠었던 아버지
밤사이 식솔들의 뜨거운 신열에
기침 소리 크게 내지 못했다
지나던 바람도 비켜 지나갔다

가장의 힘든 삶의 무게
밤새워 태우고 있었다

— 〈삶의 중량〉 전문

삶의 중량은 저울질할 수 없다. 삶은 누구에게나 평등하므로 무게로 측정하지 못한다. 무엇으로 잴 것인지 생각해 보면 아득한 일이다. 이뤄놓은 부의 척도는 가치가 없으며 선량한 일을 많이 했다고 해도 무엇으로 사람의 존엄을 잴 것인가. 개개인이 다른 삶인데 사람마다 사람으로 인정한다면 무게를 측정할 수 없다. 다만 사회적인 자리를 얼마만큼 차지했느냐에 따라 일시적인 무게를 잴 수 있겠으나 그것도 삶의 가치에 준한다면 무게는 없다. 그렇지만 개인적으로는 얼마든지 자신의 무게를 판단하여 느낀다. 남에 모자라는 것이 많고 배움이 적고 가족의 구성이 모자라고 등등 남에게 뒤진다는 것을 스스로 판단하는 것이다. 그러나 남의 판단은 오해의 소지가 많고 측정할 수가 없다. 시인은 아버지의 일생을 통하여 삶의 가치판단을 세운다. 연탄가게를 하며 서민들의 틈에서 삶을 이룬 아버지는 연탄의 무게보다 월등한 무게를 가진다.

검정먼지투성이로 낡은 리어카를 끌고 골목 오르막을 오르는 모습은 분명 무게가 무겁다. 거기에는 희망의 숫자가 크게 써지고 골진 주름 속 세월의 자국은 살아온 만큼의 무게를 실었다. 땀방울 흘리는 모습을 멀리서 바라보는 딸의 눈에는 피하고 싶은 어린 마음이 있었지만 아버지의 거친 숨결은 그것마저 허락하지 않았다. 세월이 흘러 그때의 아버지는 분명 삶의 무게에 짓눌린 모습이었다. 그러나 아버지는 그게 보람이었다. 힘들게 일한 만큼 식구들의 평화가 있지 않은가. 다만 저녁마다 태워버린 무게를 바라보는 딸의 눈에는 삶의 무게를 재는 저울이 있었다. 그것을 지금 끄집어낸 시인은 자신의 무게를 얹혀 아버지를 부른다.

담벼락에 기대어 산다

양손 벌려
하늘을 품고 살아가는 담쟁이

호기심 많아
여기저기 기웃거리며
다섯 손가락으로
일어서는 거미손
3층 창가도 엿본다

벽에 새겨진
부질없는 인생의 낙서들
높은 곳만 바라보는 욕심
지울 수 없다는 걸 알기에
손길 뻗어 다 덮어 준다

올라가면
내려 올 수 없는

길이라는 걸 알면서도

— 〈담쟁이〉 전문

담쟁이는 인동초와 더불어 인내의 대명사다. 끈질긴 생명력은 타의 추종을 불허하며 사람에게 인내심을 가르쳐주고 인고의 세월이 지나면 무엇을 얻을 수 있는지를 말해준다. 예로부터 많은 시인이 담쟁이를 쓴 이유도 그런 뜻에서이다. 붙잡을 수 없는 절벽을 붙들고 큰바람에 끄떡없이 버티며 끝내는 정상에 올라 머리를 기웃대는 모습은 장관이다. 특히 교회의 첨탑까지 올라가 하늘의 손을 붙잡은 장면은 끈기와 인내가 어떤 결과를 만들어내는지를 알려준다. 산야에서는 나무를 타고 오르고 나무가 없다면 바닥을 기어서라도 무엇인가를 붙들고 담장이나 절벽 밑에서는 방해하는 모든 것들을 밀치고 끝끝내 자리를 차지하는 담쟁이, 그 작은 손에 무슨 힘이 있을까 당겨보면 절대로 손을 놓치지 않는 힘을 보여준다.

담쟁이에서 사람이 배우는 끈기는 크다. 주위 사람들의 성공이나 베품에서 배우는 것이 많은 것 같아도 사람은 환경과 사물에서 얻는 배움이 큰 것은 자신만의 고유한 품성을 지녔기 때문이다. 유임순 시인은 자신만의 담쟁이 논법을 개발하는 듯 타 담쟁이와의 차별을 둔다. 기대어 사는 것은 같지만 호기심이 많아 여기저기 기웃거리는 것은 사람의 심성을 닮았다. 또한 부질없는 인생의 낙서를 지우고 사람의 헛된 욕망을 나무란다. 그것이 올라가면 내려올 수 없는 곳이라는 것을 알면서 왜 그럴까. 그게 담쟁이의 숙명이고 시인의 눈빛이다. 담쟁이는 올라가는 습성으로 살며 시인은 발견의 습성으로 시를 쓴다. 아무리 높은 경지의 학식을 갖췄어도 사물의 관찰에 소홀하면 아무것도 얻지 못한다. 시인은 사소한 것도 놓치지 않고 본질을 이해하고 해석한다.

4. 사물에서 찾아낸 시작의 발성으로 사유의 무게 줄이기

유임순 시인은 강력한 눈과 귀로 보고 들으며 사물을 관찰한다. 그런 능력이 자신을 이해하고 단편적인 지성의 언어를 발성한다. 이해의 거울이며 자신의 문제를 말로 표현하는 시의 과정을 점진적으로 발전시킨다. 이것이 사물의 원인과 형상에서 진리를 찾는 감성적인 언어능력으로 확산하여 사실을 제외한 불확정적인 언어에 새로운 의미를 부여하는 시적 역량을 갖췄다. 징검다리를 건너며 삶의 의미가 건너뛰기라는 것을 알아냈고 지혜의 등불을 밝히는 손짓으로 작은 것의 본질을 찾는다. 또한 사는 곳의 애정을 발휘하는 것도 잊지 않아 당산동 연가를 부르며 고장의 사랑빛도 발산한다. 시작의 발성을 사물에서 찾아내고 내면에 억눌린 사유의 무게를 줄이는 것이다. 시집 《기다림의 먼 눈빛》 출간을 축하하며 앞으로도 왕성한 작품 활동을 기대한다.

계간문예시인선 198

유임순 시집 _ 기다림의 먼 눈빛

초판 인쇄 2024년 4월 01일
초판 발행 2024년 4월 05일

지 은 이 유임순
회 장 서정환
발 행 인 정종명
편집주간 차윤옥

펴 낸 곳 도서출판 계간문예
주 소 03132 서울 종로구 삼일대로 30길 21 종로오피스텔 1209호
전 화 (02) 3675-5633 팩스 (02) 766-4052
이 메 일 munin5633@naver.com
홈페이지 http://cafe.daum.net/quarterly2015
등 록 2005년 3월 9일 제300-2005-34호
연 락 처 03132 서울 종로구 삼일대로 32길 36 운현신화타워 305호
인 쇄 54991 전북 전주시 완산구 공북1길 16, 신아출판사
ISBN 978-89-6554-292-6 04810
ISBN 978-89-6554-118-9 (세트)

값 12,000원